구름아 임자도 화나면 벼락 치는가

구름아 임자도 화나면 벼락 치는가

초판 1쇄 인쇄 2010년 12월 6일
1판 1쇄 발행 2010년 12월 10일

지은이 원의범
펴낸이 이희주
디자인 page9
펴낸곳 홍익요가연구원

등록 1996.2.23 제 313-1996-20호 (구)제 10-1620호
주소 서울시 마포구 동교동 156-2 마젤란21 1305호
전화 02-333-2350
팩스 02-333-2351
홈페이지 www.yogahi.com

ISBN 978-89-86748-15-0 03810

구름아 임자도 화나면 벼락 치는가

노철학자의 컴퓨터 그림시

그림과 글 원의범

홍익요가연구원

여는 글

어린 시절 동경대로 유학까지 가려다가 좌절된 꿈이 있었으니 바로 화가의 길이다. 수십 년 동안 가슴 한켠에 접어두었던 그림에 대한 열정이 컴퓨터의 그림판을 접하며 되살아났다. 그림판을 처음 대했을 때의 느낌은 내 평생 80여 년 동안 머릿속에서만 그려지던 그림들을 그릴 수 있겠다는 생각이 들었다.

긴 세월을 회상하면서 초등학교의 가을운동회, 6·25로 인해 스물 일곱의 나이로 피난을 떠나며 두고 온 황해도 고향땅, 부모님에 대한 그리움 등 80인생의 삶과 철학, 내 모든 걸 3년 동안 85장의 그림에 쏟아부었다. 이제 90을 바라보니 한 세월을 미련없이 놓는다. 텅 빈 마음으로….

그러던 중 홍익요가 선생들이 내 삶의 그림들을 출판해준다기에 고마운 마음이 그지없다. 이 그림들을 통해 많은 사람들이 영혼의 고향을 함께 나누기를 기대한다.

서기 2010년 12월

원의범 元義範

발행인의 말

원의범 선생님의 그림파일을 책으로 내기 위해 디자인팀에 넘겼을 때의 첫 반응은 한 마디로 '허걱!'이었습니다. 늘 세련되고 정제된 그림만 보아온 입장에서는 한글 윈도우의 그림판으로 그린 엉성하기 그지없고 시대에 뒤떨어지는데다가 해상도까지 떨어지는 그림을 책으로 낸다는 사실 자체가 매우 당황스럽고 의아했겠지요.

그러나 이 그림들과 시가 가지고 있는 의미와 저자에 관한 이야기 그리고 선생님과 연구원의 인연을 들려준 다음에는 반응이 180도 달라졌습니다. 이 그림들은 단순히 예술이거나 디자인의 차원에서만 볼 것이 아니라 철학과 사상으로 보아야 하고 또한 마음으로 보아야 한다는 것을 이해한 것이지요.

원의범 선생님과의 인연은 10년이 다 되어갑니다. 당시 선생님께서는 이미 팔순을 넘으셔서 동국대학교 불교대학 인도철학과 교수직을 정년퇴임하시고 연세대학교와 동국대학교의 대학원 강의만 하고 계셨습니다. 본 연구원에서는 선생님을 모시고 대학이 아닌 곳에서는 처음으로 10주 동안의 〈요가 수트라(Yoga Sutra)〉 특별강좌 및 불교철학과 수행과 관련한 주제로 몇 번의 강좌를 마련했었습니다.

강의 교재로 쓰실 프린트물을 전해주시면서 당신의 낙관이 찍힌 그림 한 장을 파일 맨 앞에 끼워 보내셨는데, 그 그림이 바로 "밤 따는 날"이었습니다.

그림 속의 글을 읽어보니 그 그림이 이해가 가며 정말 재미있었습니다. 그리고 좁쌀같은 터치 하나에도 다 이유가 있어 한 번 더 시를 음미하며 되었습니다. 이후 나머지 그림들을 보게 되었는데 정말 어린 아이 같은 천진함과 순수함, 인간적인 모습, 동시에 촌철살인의 학자적인 면모와 수행자적인 경책과 번뜩임이 놀라웠습니다. 참 재미있으면서도 감동적이며 인생의 교훈이 느껴졌습니다.

삶을 치열하고 진지하게 살아본 사람들은 서로 통하는지 본 연구원을 설립하신 이승용 선생님께서는 그림들을 보시자마자 언젠가는 꼭 연구원에서 책으로 내야겠다고 말씀하셨지요. 그 말씀이 있은 지 오랜 시간이 지난 이제서야 책으로 내게 되어 두 분께 송구할 따름입니다.

여기 실은 85편의 그림과 시는 아름답고 즐거운 어린 시절의 추억을 그린 동화(童畵)와 동시(童詩)이자 북녘 하늘 아래 떠나온 고향에 대한 애틋함과 향수가 가득한 수채화(水彩畵)와 자연시(自然詩)이자 동시에 구십 평생 닦아온 학문의 길과 삶의 철학이 고스란히 묻어나는 수묵화(水墨畵)와 선시(禪詩)이기도 합니다. 즉 그림과 시로 자신의 구십 평생을 정리한 회고록이자 자서전이라고 하겠습니다.

해상도를 최적화하는 상태에서 가장 크게 그림을 뽑았으나 그림파일의 속성상 더 크게 하지 못한 점이 아쉽습니다. 이 책이 몸과 마음이 지친 사람들에게 잠시 쉬어갈 수 있는 마음의 고향과 같은 아련함과 평온함, 그리고 힘든 영혼에 따뜻한 어루만짐과 반짝이는 지혜의 샘물이 되어주기를 바랍니다.

끝으로 원의범 선생님의 건강을 기원합니다.

2010년 12월

발행인 이희주

추천사

40여 년 전, 초등학교를 졸업하고 중학교에 입학한 지 얼마 되지않아 서울로 유학길에 오르게 되었다. 당시 큰형님과 큰누님이 서울에서 대학을 졸업하고 자리를 잡아가니 동생들도 서울에서 공부를 하게 하는 것이 먼 훗날을 위해 좋겠다는 것이 부모님의 생각이셨나 보다. 친구들과 멱 감으며 뛰놀던 동강의 추억을 뒤로 하고 서울행 아침열차를 타고 기차가 고향 영월역을 출발해서 동강다리 위를 지날 때 비록 어린 나이였지만 막연히 '언제 고향을 다시 올 수 있을까'하는 생각을 하였다. 서울은 모든 것이 낯설었지만 점점 서울생활에 적응하여 서울은 제 2의 고향으로 자리를 잡아 지금까지도 내 삶의 중요한 한 축을 이루고 있다.

삶의 파노라마가 끝없는 미로의 연속처럼 펼쳐지는 때가 누구에게나 있듯이 내 삶이 청소년의 사춘기와 청년기를 지나 중년을 맞이한 어느 날 원의범 선생님의 그림과 시를 보았다. 당시 선생님의 그림시를 보면서 나는 문득 고향의 철부지적 시절의 추억과 호연지기를 키울 수 있었던 동강의 에너지를 새삼 떠올렸다. 크고 작은 부침이 있는 삶의 치열한 현장 속에서, 타국에서의 고독함 속에서 어린 시절 고향 동강에서의 추억은 불퇴전의 의지와 신념을 불태울 수 있게 하는 내 에너지의 원천이자 버팀목이 되어주었다. 내게 동강은 엄마의 사랑이고 아버지의 자상함이다.

오늘날 우리 시대는 어디를 향해 가고 있을까? 지난 날 지치고 목마른 우리를 촉촉히 적셔주던 영혼의 옹달샘은 아직도 남아있을까? 차디찬 고독 끝에서 하늘의 위로를 받아보았는가, 땅의 희망을 보았는가?

경쟁에 지친 이 땅의 젊은이들에게, 삶의 무게에 짓눌린 이 시대의 중년들에게, 한 많은 격동의 한 시대를 살아온 황혼기의 어르신들에게 이 책은 삶의 여유와 생명력의 원천이 어디에서 나오는지를 보여준다. 이 그림과 시는 우리 모두에게 던지는, 구십 평생을 꿋꿋하게 불교철학자로서의 길을 걸어온 작은 거인이 영적 고향을 향해 포효하는 침묵의 메시지이다.

내 마음은 벌써 고향 땅을 향해 가는 열차를 타고 엄마와 손잡고 바라보던 동강 너머 저녁노을을 찾아간다.

2010년 12월

사단법인 홍익요가협회 명예회장 이승용

차례

1 마음의 고향

마음의 고향 ... 16

오는 봄 떠나는 두루미 ... 18

뒷동산 진달래 ... 20

들녘에 오는 봄 ... 22

호반의 봄 소식 ... 24

단옷날 그네뛰기 ... 26

심원산 절 봄 원적 ... 28

여름을 지내고 싶은 복숭아꽃 ... 30

앞 남산에 연날리기 ... 32

오두 따 먹기 ... 34

여름 방학 ... 36

가재 잡기 ... 38

물싸움 ... 40

앞 강에 후리질 ... 42

소나기 맞으며 뛰기 ... 44

여름 달밤 호박꽃 반딧불 ... 46

언덕 밑 옹달샘 ... 48

삼복더위 ... 50

강냥부대 ... 52

가을 운동회 ... 54

밤 따는 날 ... 56

가을이 익는 소식 ... 58

김장하는 날 ... 60

얼음판에 썰매 타기 ... 62

눈 온 아침 ... 64

눈 온 날 초생달 ... 66

눈 온 날 ... 68

엄동설한 ... 70

정월 대보름날 춤추는 마을 처녀들 ... 72

정월 명절에 밤새워 윷놀이 ... 74

학교 가는 징검다리 ... 76

학교에서 집으로 오다 씨름판 ... 78

달구지 타고 집으로 ... 80

앞집 작은네 ... 82

청상과부 먼 산 나물 ... 84

대장간 ... 86

황포 돛대 ... 88

2 어머님의 눈동자

어머님의 눈동자 ... 92
엄마와 빨랫줄 ... 94
여름날 마을 ... 96
돼지풀 ... 98
산 너머 구름 속으로 지는 해 ... 100
마을의 봄 소식 ... 102
동래강 다리 황혼 ... 104
짚신 고무신 운동화 ... 106
내 얼굴 내 손금 ... 108
여름밤 삼 삼으시는 고모님 ... 110
내일모레 고모님 신랑 장가드는 날 ... 112
고사리 같던 손 ... 114
외삼촌 원두막 참외밭 ... 116
첫 번 데이트 ... 118
나를 보는 엄마의 눈동자 ... 120

3 구름아 임자도 화나면 벼락 치는가

구름 ... 124
용솟음치는 구름 ... 126
생각은 구름처럼 ... 128
달 보고 생각 ... 130
늦봄 어느 날 오후 민들레 ... 132
놀기 ... 134
살려고 먹었는데 ... 136
순간 ... 138
빗물방울 ... 140
익수 ... 142
뼈다귀 하나에 개 백여덟 마리 ... 144
풀잎 위에 아침 이슬 ... 146
황천길 ... 148
무제(無題) ... 150
집이 보인다 ... 152
명복 빌며 춤추는 스님 ... 154
오대산 월정사 금강연의 봄 ... 156
일점공(一點空) ... 158
천운만수간(千雲萬水間) ... 160
한산월화백(寒山月華白) ... 162
두 줄기 눈물 흐르네(不覺漏雙懸) ... 164
천운만수간(千雲萬水間) 2 ... 166
나기 갈라지기 자라기 변하기 ... 168
올챙이들의 행복 ... 170
호박꽃에도 ... 172
제 정신에 힘 있을 때 놓아라 ... 174
어항 속 금붕어 ... 176
떠나야 할 때 ... 178
천운만수간(千雲萬水間) 3 ... 180
부처님 마하마야부인 몸에 드시다 ... 182
싯달타 태자 출가의 밤 ... 184
싯달타 태자 성도의 아침 ... 186
사리의 노도(怒濤) ... 188

1

마음의
고향

마음의 고향

늙어도
늙지 않는
마음의 고향
꽃 피는 산골
빼앗기고 쫓겨난
그 봄
그 얼굴이여
온 마을에
가득하구나.

오는 봄 떠나는 두루미

뽀얗게 봄물이 오르는
포플라나무 두고
저 멀리 당구산
고개 넘어
북으로 떠나가는
철새
두 마리
이제
봄이로구나.

뒷동산 진달래

뒷동산에
진달래 피는
봄이 오면
우리들은
진달래 되었지요.

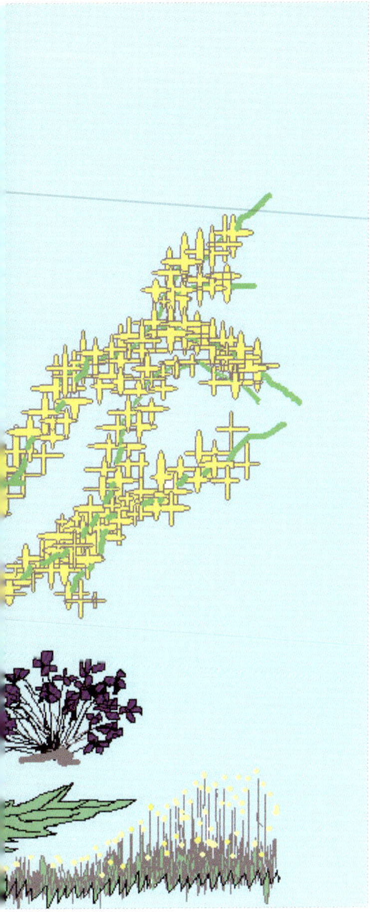

들녘에 오는 봄

냉이꽃
제비꽃
민들레
개나리
진달래
제비
들녘에
오는 봄.

호반의 봄 소식

호반에
오는 봄
물에
뱃놀이
언덕에
꽃놀이.

단옷날 그네뛰기

고모님 속치마도
바람에 날리는
단옷날
그네뛰기.

심원산 절 봄 원적

낮에는 즐겁기만 하고
저녁에 집에 올 때는
기진맥진 힘들고
다리만 아파라.

여름을 지내고 싶은 복숭아꽃

세월은 가는데
여름을
지내고 싶은
복숭아꽃
어쩌지.

앞 남산에 연날리기

앞 남산에 연날리기
내가
날리는 줄 알았더니
바람이 날리네
누구는
마음이
날린다고 했다던데
나는
연만 보고
바람 부는 줄도 모르고
즐겁기만 하구나.

오두 따 먹기

이놈들
뽕나무 가지 부러질라
야단치시는 할아버지 오실라
빨리빨리 따 먹자
까맣게 익은 오두
까맣게 물든 입술은
숨길 수는 없지.

여름 방학

산과 들이 온통
우리 세상
꿈에도 연못 강변에 물놀이
물장구 치다보니
어느 새 가을인가
둑에 올라
따스한 햇볕에
젖은 몸 움츠리고 말려가며
방학책 걱정
높아지는 하늘엔
흰 구름도 가누나.

가재 잡기

함께 놀고 싶어
동무 손잡듯
잡았는데

가재야
너는
그만 죽는가.

물싸움

피라미도 신나게 뛰오르는
물싸움하던 그 강가에
할아버지
소
새
우리들
모두 다
구름처럼
사라져 가는데
하늘은
푸르기만 하구나.

앞 강에 후리질

후리
위로 뛰어넘는 놈
밑으로 빠지는 놈
옆으로 도망치는 놈
돌아서 대드는 놈
그놈들은 좋고
우리는 분하고

잡힌 놈들은 작은데
채롱 속에서
팔짝팔짝 뛰는데
먼 하늘에
기러기 나네.

소나기 맞으며 뛰기

학고에서
집에 오다가
소나기
뛰자
뛰자
뛰어라.

여름 달밤 호박꽃 반딧불

호박꽃 따들고
반딧불 쫓던
이슬 젖은
여름 달밤.

언덕 밑 옹달샘

길가 언덕 밑에
옹달샘
하늘에 비친 내 얼굴에
입 대고 마음껏
단숨에 들이키는데
매미는
울어대고
개미는
장보기 바쁘네.

삼복더위

야
좋다 좋아
등 좀 더
싹싹 밀며 끼얹어요
찬물 더
확확 틀어라

개는 혀 빼물고 자는가
새는 기척 없고
울어대는 매미
요란도 하구나
삼복더위
아마
어제가 중복이지.

강낭부대

저물기 전에
소 풀 배불리 먹여야 하는데
해지는 강변에
소는 내버려두고
강낭부대
어른들은 집으로 가는데
어서 빨리 구워라
강냉이.

가을 운동회

할머니 엄마 삼촌엄마 동생들
버드나무 그늘에서
변도밤 삶은 고구마 풀어놓고
나 나오기만 기다리는데
나는 뛰고 상 타기 바쁘고
할아버지께서는
왼종일 학교 뒤 주막집에 드셨고
할아버지 기부금 단자는
교장 선생님 천막 처마 끝에 휘날리고
모두가 신나는
가을 운동회.

밤 따는 날

밤송이 안 맞고
굽알 먼저 주으려
양푼 썼지요.

가을이 익는 소식

누렇게 아가리 벌리는
밤송이 속에
빨갛게 익은 밤알
가을이
익는 소식.

김장하는 날

김장하는 날
시드는 국화꽃이
아직은
담장 밑에 있구나.

얼음판에 썰매 타기

모두가
하늘도 산도
꽁꽁
얼어붙었는데
우리들은
등골에 땀 나네
신나는 얼음판.

눈 온 아침

모두 겨울잠에 든 듯 고요
옛날에도
산골 시골 이야기
그래도 그리워라.

눈 온 날 초생달

눈 온 날 저녁
초생달
개 건너 마을
눈 쓸고 가며
야학에서
선생 노릇하였지
그때가 십 칠팔 세.

눈 온 날

눈 온 날
멧새 잡을 생각에
문간방에서
덫개 만들기에 바빠서
사슴 잡는 사자처럼
갈비탕 드시는 아저씨처럼

잡힌 놈의 죽음은
잡은 놈의
즐거움뿐이어라.

엄동설한

푹푹 눈 덮힌 엄동설한
모두 다 꽁꽁 얼어붙었는데
먹이 찾는 참새들
눈 쓸린 마당가 장독대로 모여드니

고양이는 마루에서 노리고
강아지는 이 틈에 나는 놈 잡으려고
살살 기어드는데
어림도 없지
기는 놈 위에
나는 놈인 걸.

정월 대보름날 춤추는 마을 처녀들

일년에 단 한번
정월 대보름날
작은 집 안방에 문 닫아걸고
물 버치에 바가지 엎어두고
강남쐬기 꽂은 싸리나무채로 물당구 치며
춤추는 마을 처녀들
누가 뭐라고 할 수도 없지
꽁꽁 언 엿
콩강정
사탕콩
오삭오삭
맛나게 먹어가며.

정월 명절에 밤새워 윷놀이

정월달 초하루 보름 명절에
밤새워 윷놀이
야
윷 나왔다
이제
개만 나오면 잡는다
이겼지
윷통은 할머니 토시짝
윷말은 콩짝.

학교 가는 징검다리

때로는
가기 싫고
때로는
어쩌다 빠지던
학교로 가는
징검다리.

학교에서 집으로 오다 씨름판

지는 놈은 늘 지고
이기는 놈은 늘 이기고
나머지는
엄두도 못내는 구경꾼
학교에서 집으로 오다가
강변에 씨름판.

달구지 타고 집으로

달구지 타고
집으로 가는 길
편히 앉아 쉴 뿐
가기는 소가 가네.

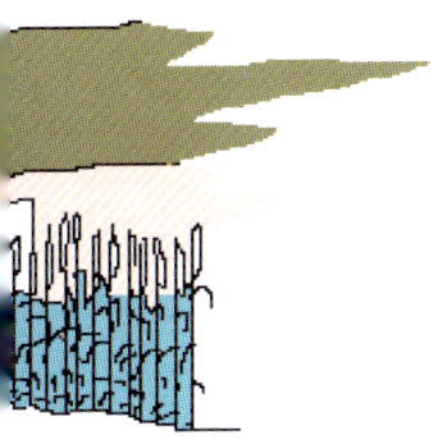

앞집 작은네

막내 동생
업어주던
앞집 작은네
지금 어디에
다음 생
뒷집 이쁜이.

청상과부 먼 산 나물

먼 산 나물 소낙비에
걷어 올린 젖은 치마
드러난 허벅지
다 큰 머슴애 총각
억센 손 꼭 잡고
계곡물 건너는
청상과부댁.

대장간

건너 마을 도랑가 대장간
낮에는 후루락 뚝딱
호미
낫
쇠스랑
식칼
참칼
벼리고 만들고
밤에는 캄캄 후루락 뚝딱
도깨비
나온다는
무서운 대장간.

황포 돛대

신미도 삼각산
바라보며 놀던
관주면 관삽동
생벼랑 바닷가
저승서도
여기서 놀자꾸나.

2

어머님의
눈동자

어머님의 눈동자

첫 아기
아들 장손
온 세월
제 눈과 하나된
어머님의 눈동자여
이제는 그만
이승 인연 다 하니
훨쩍
하늘로
빛나시오소서.

엄마와 빨랫줄

빨랫줄
장대 끝에 앉은
고추잠자리
푸른 하늘엔
구름도 없네.

여름날 마을

여름날 엄마 따라
마을 앞 시냇가에
야, 더 들어가지마
엄마가 소리치시는데
조금 더 깊은 데
들어가고 싶구나
멀리
매미 소리 들려오네.

돼지풀

어머니 말씀은
가을에 잔치에 쓰려고
잘 먹인다던데
밖을 내다보며
노상 꿀꿀대는
살찐 수퇘지
돼지풀
뜯어다 주었지.

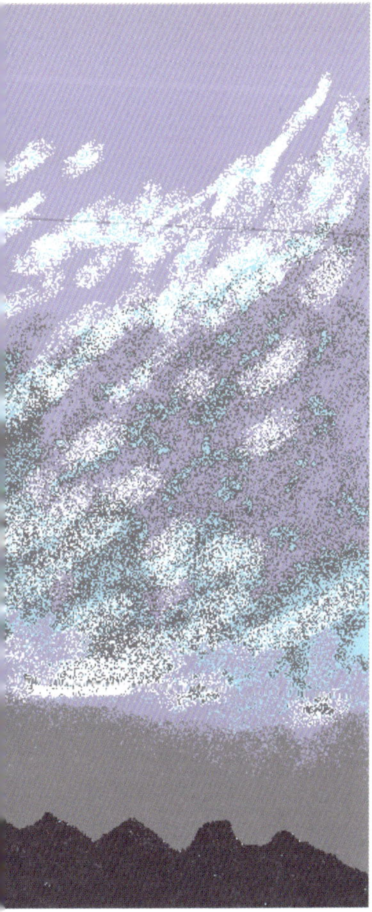

산 너머 구름 속으로 지는 해

엄마 손 잡고
다니던 때나
다름없이
지금도
어쩐지 서글퍼라.

마을의 봄 소식

마을에 봄이 오니
모두가 봄물이 오르네
엄마 아빠 손은
시들어만 가니.

동래강 다리 황혼

여울물 차갑게 감도는
바윗돌 위 성황당
솔밭 너머 저녁 노을
타고 내리는 땅거미
혼자서 건너는 동래강 다리
뒷마당 우물가에서
손들어 햇빛 가려가며
당구산 고개 넘어
사라져가는 나를
끝까지 바라보시는
엄마의 모습 뒤에 두고
토요일에 집에 왔다
일요일에 돌아가는
선천 신성중학교 가는 길.

짚신 고무신 운동화

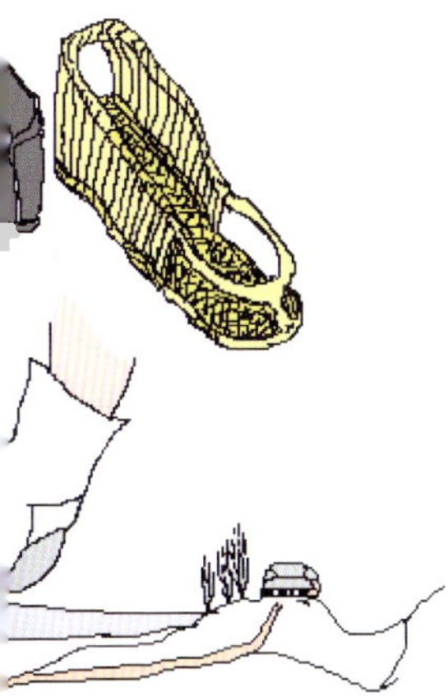

짚신
고무신
운동화
버선
양말
아빠는 끝없이
삼아대시고 사대고
엄마는 끝없이
빨아대고 기워대고
나는 끝없이
날고
뛰고
더럽히고
구멍 내고

이제 내 나이 팔십
이 세상 떠날 때까지
그리운 추억만이라도.

내 얼굴 내 손금

내 어렸을 때 외증조모님께서
나만 보시면 내 손 부뜨시고
손금 관상 보시면서
명 길고 벼슬하고
잘 산다고만 하셨는데

내 나이 스물일곱 살에
공산당에게 집도 땅도 다 빼앗기고 추방되어
하루 아침에 온 식구가
거지에다 죄인이 되여
올 데 갈 데 없게 된 것은
왜 못 맞치셨을까
어데 어느 금을
잘못 보셨을까
아니면
아시고도
차마 말씀을 못하셨을까.

여름밤 삼 삼으시는 고모님

둥근달 이슬 젖은 여름밤
광명등 밝히고
봉선화 꽃밭 앞에 앉으셔서
모기불 향내음 속에
삼 삼으시는 아기고모님
나는 칠팔 고모님은 십칠팔
먹물실 바늘로
내 손목 흰 살에 물들여주신
정표점 하나
지금 팔십에도 또렷하네
아기고모님은 지금 어디에
저승에서라도
다시 만나뵈오리라.

내일모레 고모님 신랑 장가드는 날

막 가을 초겨울 단장했고
내일모레
고모님 신랑 장가드는 날
채마밭에 지짐불
애들은 닭털데기 차고
돼지 오줌통 공 차는데
안마당에서는 떡 치고
부엌 떡시루는 김이 또 올랐네.

고사리 같던 손

이른 봄 뒷골 양지쪽
나물하러 가시는
고모님 따라
고사리 꺾던
고사리 같던
손
지금도
그 손은
그 손인데.

외삼촌 원두막 참외밭

여름은
외삼촌 원두막 참외밭이지
더 먹어 먹어
하지만 배가 없어
더 못 먹고
집에만 오면
또 먹고 싶네.

첫 번 데이트

나는 아마 스물아홉
어미는 스무두셋
부산 피난살이
영도 제 이송도 끝 암벽 위에서
첫 데이트
오는 배
가는 구름
떠도는
갈매기 소리
안 들렸지요.

나를 보는 엄마의 눈동자

첫 애기 아들
장손인
나를 보는
어머니 눈동자.

3

구름아
임자도 화나면
벼락 치는가

구름

구름아
구름아
임자도
화나면
벼락 치는가.

용솟음치는 구름

구름일지라도
아름답고
힘차게
솟으리.

생각은 구름처럼

생각은
구름처럼
산을 두고
하늘을 나는데
바람은
멎지 않네.

달 보고 생각

달 보고
생각
생각 말자는
생각.

늦봄 어느 날 오후 민들레

늦봄 어느 날 오후
푸른 잔디밭에
하야한 민들레
하나
무어라
말 하리까.

놀기

놀자 놀아
함께 놀아
일 없는 에덴은 놀이터
빼앗긴 에덴은 일터
일은 괴로워
놀이는 즐거워
그래도 살려면
괴로워도 일해야지.

살려고 먹었는데

살려고 먹었는데
사람에게 속았지
고기는 죽는데
사람은 웃는구나
갈매기도 웃는지 우는지
하늘은 높고
맑기만 하네.

순간

수수잎에 높이 앉은
잠자리
내가 잡자 날았나
날자 잡았나
순간이 다르면
죽기 아니면 살기
순간이 같으면
그게
열반이고
정등각 삼매.

빗물방울

내리는 비에
생기고 꺼지는
물방울
어느 것이
더 크고
오래 갈까.

악수

아무리 반가워도
놓지 않으면
도깨비거나
죽은 사람.

뼈다귀 하나에 개 백여덟 마리

연꽃 같은 개싸움
뼈다귀는 하나
개는 백여덟 마리
사람도 사이좋게
나누어 먹기는
어려워라.

풀잎 위에 아침 이슬

찬란한 햇빛에도
구슬이 되어 꺼지는
풀잎 위에
아침 이슬처럼
이 세상에
사람 몸도
아름답게 꺼지리.

황천길

밝은데
어두운데
어디로 갈까
갈 때는
이미 늦었어
황천길.

무제(無題)

그래도
할 일은 다 하였어라
이제 그만 떠나니
남은 인연은
저들이
알아서 풀 수밖에
동 트는 새 하늘에
다시 만나
더 좋은 인연 맺자꾸나
이별이야 섭하지
소리 없는
눈물로 삭여라.

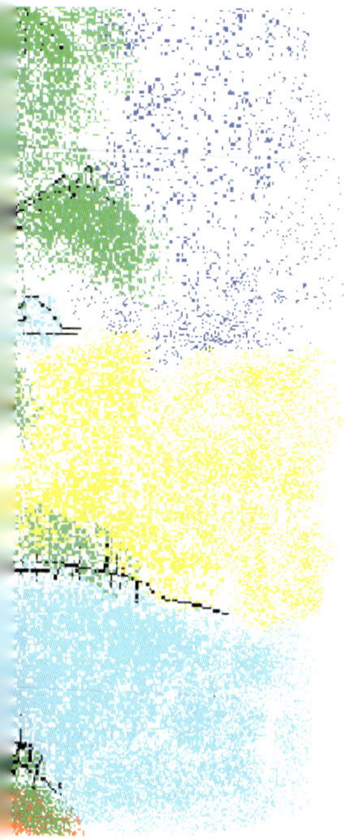

집이 보인다

집이 보이면 다 왔네
아제아제바라아제
바라승아제모지사바하.

명복 빌며 춤추는 스님

사십구재
죽은 사람 위해
산 사람 앞에서
춤추어드리는
스님들
그 마음
누가 알랴
부처님께서나
아시겠지.

오대산 월정사 금강연의 봄

떠나 버리고 들어온
오대산 월정사 금강연에
봄이 오네
확 터진 하늘
쏟아지는 맑은 물
하야한 바위
우뚝우뚝 솟은 검푸른 선나무
새팔한 버들밭 참나무 새싹가지
소복소복 엉킨 산마루
온 산에 가득히
따스한 풀 향기
까마귀 떠드는데
방으로 돌아와
책상 위에 두 손 펴
얼굴 묻으니
하염없이 흐르는 눈물
까닭이야
어찌 말로 다 하랴.

尤村畵

일점공(一點空)

천년 돌 위에
옛님 발자취
만길 바위 앞에
공(空) 하나
애써 묻지 않고도
밝고 맑은
둥근 달은
어김없이 서(西)으로만
가는구나.

千年石山古人踪
萬丈巖前一點空
明月照時常皎潔
不勞尋訪問西東

寒山 詩 원의범 번역

천운만수간(千雲萬水間)

구름 구름 물 물
물 물 구름 구름
그 가운데 지내는 나그네 한 분
낮에는 청산에 놀고
밤에는 바위틈에 자고
어느 새 봄 가고 가을 가네
티 없는 정막강산
걸림 없는 즐거움
맑고 고요하기
가을 강물이네.

千雲萬水間
中有一閑士
白日遊青山
夜歸巖下睡
倏爾過春秋
寂然無塵累
快哉何所依
靜若秋江水

寒山 詩 원의범 번역

한산월화백(寒山月華白)

산골짜기에 푸르고 맑은 샘물
한산에 달빛 배꽃처럼 희구나
저절로 아는 마음 말없이 환하고
확 터진 빈 세상 고요마저 꺼지네.

碧澗泉水淸
寒山月華白
默知神自明
觀空境逾寂

寒山 詩 원의범 번역

두 줄기 눈물 흐르네(不覺漏雙懸)

한산에 문 닫고 들어앉아 어언 삼십 년
어제 옛 친구들을 찾았더니
거의 다 황천 가고
남은 이들도 꺼져가는 촛불
세월은 여전히 흘러만 가는데
오늘 아침 외로이 내 그림자 마주 보며
나도 모르게 두 줄기 눈물 흐르네.

一向寒山坐
淹留三十年
昨來訪親友
太半入黃泉
漸減如殘燭
長流似逝川
今朝對孤影
不覺漏雙懸

寒山 詩 원의범 번역

천운만수간(千雲萬水間) 2

구름도 물
물도 구름
그 두 사이에
헤매는 사람.

千雲萬水間
中有一閑士
白日遊青山
夜歸巖下睡
倏爾過春秋
寂然無塵累
快哉何所依
靜若秋江水

寒山 詩 원의범 번역

나기 갈라지기 자라기 변하기

갈라짐이 나기
변함이 자라기
있기 살기
없기 죽기
먹기 좋기
좋기는 생각이
아니 하는 게 생각
안하면 생각도 없고
하면 다 있고
안 하면 다 없고
하기가 다.

올챙이들의 행복

봄 가뭄에
다 마르다 남은
아직은 고인 물에
신나게 꼬리치는 올챙이들
그래도 그게 어딘데
행복하지 뭐야
아무리 더 좋은 데가 있어도
가지 못할 바에야
두루미도
먹이 찾고 있구나.

10000

호박꽃에도

호박꽃에도 꿀
엄마 젖꼭지에도 부처님
돈에도 지옥
있는 데는 다 있어.

제 정신에 힘 있을 때 놓아라

어쩌다 잡은
호랑이 꼬리
죽어서 먹힐까
살아서 먹힐까
제 정신에
힘 있을 때
놓아라.

어항 속 금붕어

어항 속 금붕어
차라리
안팎도
내일도
모르는 게
좋지.

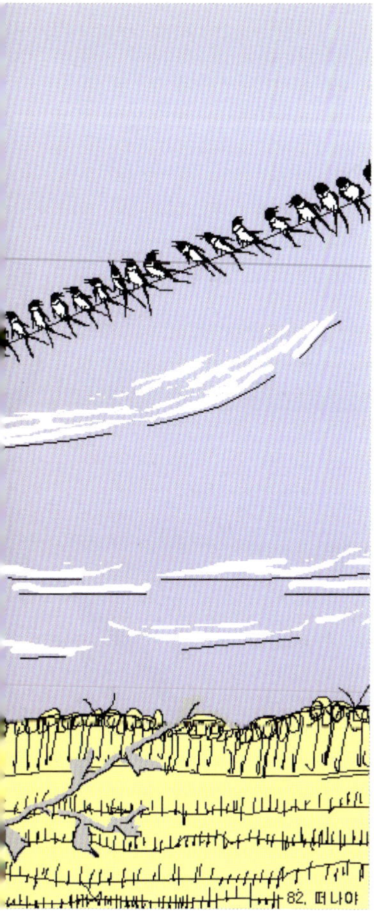

떠나야 할 때

박잎도 마르고
박도 여물고
하늘은 차갑게 맑고 높고
새끼들도 다 컸고
이제
제비들
먼 나라로
떠나야 할 때.

천운만수간(千雲萬水間) 3

구름도 물도 떠나
허공처럼 바위처럼
구름 속 물 속에 살면서
가볍게 무거운
고요한 사림.

千雲萬水間
中有一閑士
白日遊青山
夜歸巖下睡
倏爾過春秋
寂然無鹿累
快哉何所依
靜若秋江水

寒山 詩 원의범 번역

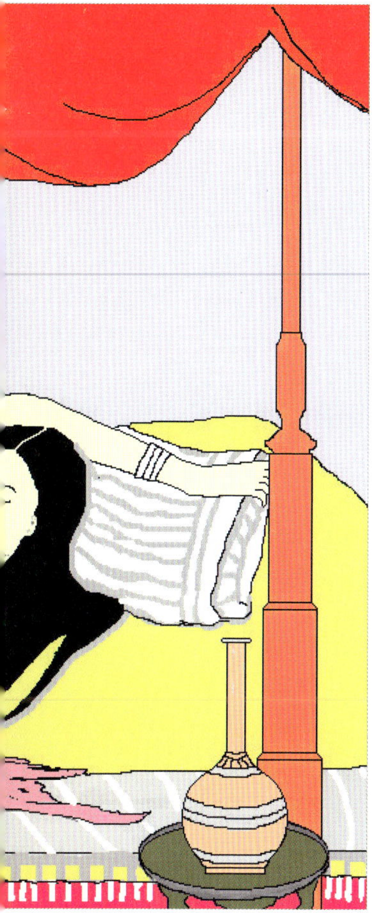

부처님 마하마야부인 몸에 드시다

싯달타 태자 출가의 밤

떠나는

마음이

곧

깨달음이었지요.

싯달타 태자 성도의 아침

사리의 노도(怒濤)

나의 삶 요가와 자연 1·2

이승용 지음

이십여 년이 넘도록 요가를 수행해온 지은이의 수행 여정과 인생을 엿보며 책을 읽는 독자들도 '생활 속의 수행'을 어떻게 실천할 것인가에 대한 실마리를 찾을 수 있는 책.
1권에서는 지은이가 수행의 길로 들어서게 된 인생의 화두와 인생 여정을 잔잔하게 보여주며 건강에 관한 새로운 인식을 주는 강의 내용, 제자들에게 주는 메시지는 요가 지도자로서의 참모습을 그릴 수 있게 한다.
2권에서는 요가와 우리 정신에 관한 내용을 쉽게 전달하고 있으며 일반인들에게 띄우는 편지 형식의 수행 에세이는 우리의 마음을 맑게 만들어준다. 또한 요가책으로서는 드물게 수행 순례기를 담고 있다.

선생은 수행자이다. 그래서 그가 걷는 길은 평화롭고 고요하다. 길을 찾는 사람들은 그와 함께 걸으면 된다. 이 책은 그와 함께 걷는 길의 안내서이다. 몸과 마음을 어떻게 다루어야 하는가를 그는 자상하게 일깨워 주고 있다. 살아가면서 위대한 스승을 만나기는 어렵다. 그것은 복이 있어야 가능한 일이다. 이 책은 그러한 의미에서 복의 밭이다. 밭을 일구듯 열심히 이 책을 수행하라. 그러면 여러분은 위대한 스승과 만나는 복의 과실을 가꾸게 될 것이다.

– 추천의 글 중에서 (성전 : 대한불교조계종 남해 용문사 주지, BBS-라디오 "행복한 미소" 진행자)

홍익요가연구원에서 펴낸 책들은 www.yogahi.com에서 보실 수 있습니다.

요가, 건강과 지혜의 길

이승용 지음

이 책은 일반인들이 혹하기 쉬운 기(氣), 기를 운용하는 방법에 관한 잘못된 인식을 명쾌하게 끄집어내고 있다. 또한 요즘 유행의 흐름을 타고 있는 명상, 선(禪), 젠(zen)에 관한 지은이의 충고는 이 시대 모든 사람들이 귀담아 들어야 할 중요한 메시지이다.

"명상은 누구의 정신적 노예가 되는 것도 아니고 또 특정한 지식, 사상, 주의, 이념, 제도에 종속되는 것도 아니다. 이 모든 것의 너머에 있는 그 무엇이다." - 본문 중에서

요가와 명상을 통해 지혜와 건강에 이르는 철학적 실용서 - 한겨레신문 2001.7.28
몸과 마음을 갈고 닦는 요가 수련의 기본 원리를 강의 형식으로 쉽게 정리한 책 - 경향신문 2001.7.28

"생활 속의 수행"을 실천할 수 있도록 도움을 주는 책. 자연 건강과 지혜의 길로서 요가와 명상에 대해 강의한 내용과 귀농해서 겪은 농사와 일상에서의 경험에 대해 풀어놓은 글이다.

- 월간 여성불교 2001.7

일반인들의 관심이 증폭되고 있는 기(氣)에 대해 명쾌하게 설명 - 법보신문 2001.7